Poeta muerto

en Nueva York

(Death poet in New York)

Francesc-Xavier Àvalos Pareja

Poeta muerto en Nueva York

(Death poet in New York)

Barcelona 1990

Dedicado a mis hermanos,
Enrique y Mª Luisa

Rhode Island

Como en una tormenta,
mi alma oscura y luchadora
busca
por entre las nieblas del olvido,
el recuerdo de una tierra
que mis ojos ya no pueden ver.

Rhode Island

As in a storm,
my dark and fighting soul
searches
in the mists of oblivion,
the memory of a land
that my eyes cannot see.

New York City

Un rectángulo invertido huye
de una maqueta intransigente,
el gobernador un autómata
y la maqueta sin gente.

La mosca no entiende
la ecuación elevada
presa en una pizarra,
el rectángulo sigue en fuga
y la pizarra se transforma en lata.

New York City

An inverted rectangle flees
from and uncompromising model,
the governor - a robot -
and the model without people.

The fly does not understand
the square root equation
that is captive on a blackboard,
the rectangle is on the run
and the slate is transformed into a can.

El sueño americano

Busca el frágil sentimiento.

Presiente el pasado inquieto.

Huye en un torbellino humillado.

Miente las blasfemias del perdón.

Olvida la amnesia cotidiana.

Indaga en demencias colectivas en lo obsoleto.

Vive el eclipse de la epopeya.

Sueña la transparencia del alma.

Ama el deseo prohibido.

Piensa en la efímera evasión.

Reza a los dioses sin salvación.

Muere en vida regenerada en muerte.

American dream

Search for the fragile feeling.

Feel the restless past.

Escape on a humiliated whirlwind.

Lie the blasphemies of forgiveness.

Forget the daily amnesia.

Inquire in collective dementias into the obsolete.

Experience the eclipse of the epic.

Dream the transparency of the soul.

Love the forbidden desire.

Think of the short-lived escape.

Pray to the gods without salvation.

Die in a life regenerated in death.

<u>Broadway</u>

Cuando escuches las campanas del infierno,
no pienses que es tu imaginación.

Tus oídos no han mentido
como tampoco tu voz.

Y aunque la realidad se apodere de tu cuerpo
no pienses que es ficción.

Todo parecerá un sueño
y tú, la víctima del primer actor.

Broadway

When you hear the bells of hell,
do not think it's your imagination.

Your ears have not lied
nor your voice.

And although reality takes over your body
do not think it's fiction.

It all seems like a dream
and you, the victim of the first actor.

Museo de arte moderno

Después de la batalla
aquella atmósfera gris se disipaba,
el barco, la brisa, todo calla,
la bandera desgarrada pero erguida se lamentaba.

Todo era desolación y muerte
después de la batalla,
los soldados, las armas, todo estaba inerte,
inertes sus cotas de malla.

Iba a la deriva cargado de metralla
de un cañón perdido en la venganza,
después de la batalla,
ya no hay ilusiones, todo es esperanza.

Cuando la vela era vapuleada por el viento
la proa ardía como una falla,
y el tiempo es demasiado lento,
después de la batalla.

Museum Of Modern Art

After the battle
that gray atmosphere dissipated,
the boat, the breeze, everything is silent,
the banner, torn but upright, lamented itself.

Everything was desolation and death
after the battle,
the soldiers, the weapons, everything was inert
inert their mesh coats.

It was drifting full of shrapnel
of a canon lost in it is revenge
after the battle,
there are no more illusions, everything is hope.

When the sail was battered by the wind
the bow burned like a bonfire,
and time is too slow,
after the battle.

Cuando todo es contradictorio

En la frialdad de una trinchera húmeda se vislumbra un cielo
desfigurado, desfigurado y sombrío en la eternidad. Su luz
aparente se infiltra por entre un extraño conglomerado de nubes
grises y opacas, sin dar muestras de posible vida. Llegando a
unas pupilas tristes y hundidas, rematadas por el olvido.

Dando inicio así a un nuevo amanecer que trae consigo los
indicios de más sangre que inunde un perdido campo de batalla.
Donde un entrelazado zigzag de trincheras busca avanzar a un
horizonte sin finalidad alguna, con una perseverancia y tenaci-
dad titánica que abruma. La luz desvela con su llegada la multi-
tud y espeluznante visión de cadáveres acumulados en tierra de
nadie, mezclados entre si en un morboso, brutal y maquiavélico
abrazo resultado de la encarnizada lucha. Hasta las andanadas
enemigas que escarbaron con furiosa ira en la tierra, ahora pali-
decían encharcadas en un lodazal de sangre entremezclada.

Persuadiendo aún más con su silencio sepulcral, dejando entre-
ver por una frágil bruma un paisaje tosco y yermo, un infierno
en vida.

El laberinto de alambradas meta de la primera avalancha, yace
adornada de cuerpos identificados en el anonimato. Cuya única
compañía se hallaba en una satírica danza macabra de buitres y
cuervos, que rompiendo todo silencio con sus graznidos, sobre-
volaban y extendían sus alas como brazos fúnebres, dando la
impresión de querer atraer aún más la muerte, de llamarla con
desespero.

De vez en cuando la lluvia hace acto de presencia.
Como para hacer mas patente esta situación patética, donde los
huesos demasiado entumecidos y el cuerpo helado no dejan
elaborar pensamiento fijo que anule a todos los demás.

When everything is contradictory

In the chill of a wet trench is seen a sky disfigured,
disfigured and gloomy in eternity. Its apparent light passes
between a strange conglomerate of gray clouds and opaque
without showing signs of possible life.

Coming to sad and sunken eyes, topped by neglect.
Thus starting a new dawn it brings more evidence of blood to
flood a lost battlefield. Where interlaced zigzagging trenches
look beyond towards a never-ending horizon, with overwhelm-
ing perseverance and titanic tenacity. The light reveals upon his
arrival the crowd and eerie vision of cadavers in no man's land
mixed together in a morbid brutal and machiavellian hug result
of the bitter struggle.

Even the enemy barrage that they dug with furious anger on
earth, were now paled and flooded
in a quagmire of interspersed blood.

Persuading even more with his sepulchral silence, hinting by a
fragile mist a rough and barren landscape, a living hell.

The maze of barbed wire goal of the first avalanche,
lies adorned with bodies identified in anonymity.
Whose only companion was a satirical and macabre dance of
vultures and crows, that breaking all silence with their squawk-
ing, flew overhead and spread their wings like mournful arms
giving the impression of wanting to attract even more death, to
call her with despair.

Occasionally the rain makes an appearance.
As if to make this situation more pathetic
where the bones, too numb, and frozen body
do not allow to elaborate on fixed thoughts
that override all others.

Miles de ideas rondando sin cesar, viendo cada vez más cerca un camino sin principio ni final, un futuro en manos ajenas, un callejón sin salida.

La llegada de un nuevo ataque, la oportunidad quizá ultima de poder acabar con todo y ver finalizada la cadena inacabable de sufrimientos, tantos muertos ¿Para qué?

Al fin y al cabo, sólo somos vulgares peones de éste ajedrez, un dilema sin acabar de definir. Es por eso, que con la bayoneta calada ya no hay excusas que valgan, razón que te pueda salvar, idea que te de cobijo, ni rosario de oportunidades a las que aferrarse.

Es una eterna pesadilla que desemboca con su propio inicio y final, es en esa vertiente donde te abordan mil pensamientos e ideas, mil razones por las cuales se ha de vivir, la ironía de tener que luchar. Matar para poder sobrevivir.

Es cuando todo es contradictorio, que las horas se prolongan en una indefinible y tortuosa angustia a la espera de avanzar. En esos escasos instantes una interminable fusión de ideas, sin fin aparente, surgen al unísono. Al constante bombardeo practicado por unos cañones empeñados en saciar su apetito y enorme voracidad, visionando el espejismo de miles de balas implacables y tentadoras como único quizás recurso de esperanza.

Aferrado a unos principios caducos, enunciando una posible ideología revolucionara, insistiendo en la creencia decrépita de un estado de cierta mediocridad, dejando sin definir conclusión alguna, impactado por la locura.

La luz vuelve a perderse por entre las espesas nubes, por el colorido débil de un ocaso que nunca existió, dejando a su paso más frio y humedad.

Thousands of ideas circling endlessly, each time viewing closer a path with no beginning or end, a future in the hands of others, a dead end.

The arrival of a new attack, perhaps the last opportunity to be able to end it all and see the completed chain of endless suffering and so many deaths? What for?

At the end of the day, we're just ordinary pawns in this chess set, a dilemma of unfinished definition. That is why that with loaded bayonets there are no valid excuses, any reason that I can save you, ideas to give you shelter, nor string of opportunities to cling to.

It is an eternal nightmare that culminates with its own beginning and end, it is in this aspect where you address thousands of thoughts and ideas, thousands of reasons to live for, the irony of having to fight. Kill to survive.

It is when everything is contradictory, that the hours are prolonged in an undefinable and tortuous anguish waiting to move forward. In those rare moments an endless fusion of ideas, with no apparent end, arise in unison. To the constant bombardment carried out by cannons determined to satisfy their appetite and huge voraciousness, envisioning the illusion of thousands of relentless and enticing bullets as perhaps the only source of hope.

Clinging to outdated principles, by stating a possible revolutionary ideology, insisting on the decrepit belief a certain state of mediocrity, leaving without defining any conclusion, impacted by madness.

The light gets lost again amongst the thick clouds, through the weak color of a sunset that never existed, leaving behind more cold and humidity.

Una fina cortina de bruma invade en silencio, como un emisario apocalíptico, un campo de batalla devastado. La visita efectuada por la muerte dejó a su paso más cuerpos ausentes de vida.

Donde yace un soldado desgarrado por el dolor, huyendo la vida por sus profundas heridas inundadas de sangre y metralla. Su cuerpo visible en una retorcida posición contrasta con su rostro dormido en un ligero sueño, aletargado en un profundo y largo viaje sin retorno.

A thin curtain of mist invades in silence, like an apocalyptic emissary a devastated battlefield. The visit by the death left behind more bodies absent of life.

Where lies a soldier torn by grief, fleeing life by his deep wounds flooded with blood and shrapnel.

His visible body in a twisted position contrasts with his sleeping face in a light sleep, dormant in a deep, long journey of no return.

Cisnes en el Bronx

Que negro velo tuyo nos oscurece a porfía,
cuando las andorinas van a tu tumba
oscureciendo el día.

Quienes recordaran llorando tu tumba,
si el tiempo la borrara a su paso.

Cuáles son las lágrimas calladas,
que entristecen el alba dorada.

Cruel muerte,
siempre llegas a nuestro encuentro
anunciándonos el presente yermo.

Negra alma,
como hieres al segar con tu guadaña.
Sombra inanimada envuelta
en una perturbación inesperada.

Inocencia pura,
sólo cumpliste los diecinueve.
Tu alma levanto el vuelo en el alba silenciosa.
Dejando tu cuerpo ágil, sin vida ni alegría.

Frágil deseo volátil que alcanzas el firmamento,
dejando en el suelo la piel y los huesos.

Mente sigilosa
retorna de la muerte.
Haz de ella un dulce sueño.

Bronx swan

What black veil of yours that darkens our contention,
when the swallows go to your grave darkening the day.

Who will remember crying your grave
if time will erase it on it is path.

What are the silent tears,
that sadden the golden dawn.

Cruel death,
you always come to meet us
announcing this present wilderness.

Black soul,
how you hurt as you mow with your scythe.
Inanimate shadow wrapped
in an unexpected disruption.

Pure innocence,
you were only nineteen.
Your soul took flight in the morning quiet.
Leaving your body limber, without life or joy.

Fragile volatile wish that reaches the sky,
leaving the skin and bones in the soil.

Mind creeping back from the dead.
Make it a sweet dream.

El muro

A la sombra vengativa de un paredón mis compañeros gritan,
y hay una oscuridad que ensombrece nuestras mentes.

Las voces del pasado se muestran sobre mí,
un segundo, toda una vida reflejada en él, que corto se hace.

Y se hace escuchar
la voz rígida y sin contemplaciones del joven teniente.
Y los fusiles crujen con un brutal desaliento,
cortando la paz en el aire.
Viendo un cielo abatido en su silencioso testimonio.

Mis compañeros y yo, descalzos, agotados,
susurramos un canto como último reclamo,
con las manos abiertas.

Mis ojos fijos
contrastan con el desconcierto de los de mi verdugo.
El joven teniente vuelve a gritar,
poco tiempo nos queda cuando la injusticia nos acalla.
Ahora es tiempo de buitres y venganzas,
de muerte y desolación.

Moriremos en este muro con ideas y añoranzas,
con la cabeza bien alta en una mediocre demostración
de orgullo y falsa esperanza,
mezclada con el último recuerdo,
el último murmullo, el ultimo...
¡¡¡ Fuego !!!
... cualquiera enarbolara
el estandarte de vengar nuestras muertes.

The Wall

In the shadow of a vengeful wall my teammates yell,
and there is a dark clouding our minds.

The voices of the past are shown on me,
a second, a whole life reflected in it, it feels so short.

And the rigid and unhesitating voice of the young lieutenant
makes itself heard.
And the rifles crack with brutal disappointment,
thwarting the peace in the air.
Viewing a brooding sky in its silent testimony.

My comrades and I barefoot, exhausted,
whisper a song as the last claim,
with open hands.

My fixed eyes
contrast with the bewilderment of my executioner.
The young lieutenant screams again,
little time is left when we are silenced by injustice.
Now it's time for vultures and revenge,
of death and desolation.

We will die on this wall with ideas and longings,
with our heads held high in a mediocre demonstration
of false pride and hope,
mixed with the last memory,
the last murmur, the last ...
Fire!
...anyone will hoist
the banner to avenge our deaths.

La generación sin nombre

Los jóvenes huérfanos huidos
de una sociedad plena en reproches,
deambulan sin rumbo fijo, sin norte, ni horario.

Huyen por unas calles solitarias y vacías
que llenan con su enorme ansia y pasional fogosidad.

Para acabar de vivir al límite de lo imposible,
los restos de unos días que se les van de las manos.

En una transcendental lucha
y a la excesiva motivación a la que se ven conducidos.
Por unos innombrables parásitos
que subyugan a unos congéneres a la relativa mezquindad.
A la absoluta búsqueda irracional
de una masificación en reductos plenos de alicientes
que espantan un presente hipocondriaco.

La mágica épica del renacer mítico pleno de misticismo,
queda absorto entre el espacio y el tiempo.
Abortado por el empleo abusivo de escogidos demonios,
envueltos por el difuminado modernismo.

Acaparando en claros antagonismos
una esencia perdida en la conmiseración
en la masiva oscuridad de una juventud enmudecida.

La andrógina perversidad de un desenlace ingenioso,
revela la intransferible soberbia a la que se ven sometidos.
Solapados en el riguroso constreñido
del ocio informatizado de una colateral.

Acaparados por una falsa visión espectral
de un presente carente de sentido.

Generation without name

The young orphans fleed
from a society full of blame,
wander aimlessly, without direction or schedule.

They flee through deserted and empty streets
that they fill with their huge craving and passionate ardor.

To finish living on the edge of the impossible,
the remains of a few days that they let out of their hands.

In a momentous struggle and towards the excessive motivation
to which are driven. By some nameless parasites that subjugate
their buddies into relative pettiness.
Into the absolute and irrational search for overcrowding and
pockets full of incentives to scare a present hypochondriac.

The magical epic of mythical rebirth full of mysticism, is ab-
sorbed between space and time. Aborted by the abusive misuse
of selected demons, wrapped in blurred modernism.

Hoarding in clear antagonisms an essence lost in the pity in the
dark mass of a muted youth.

The androgynous perversity of a witty outcome,
reveals the untransferable **arrogance to which they're subj**
Overlapped in the rigorous constraint
of the computerized entertainment of a collateral.

Captured by a false spectral vision
of a meaningless present.

La generación sin nombre rompe todo esquema creado, apareciendo como un ave fénix entre las luces de un alba vivido entre los restos obsoletos
de todo vestigio anterior.

Portando los emblemas de una nueva cultura
resumida y anulada por el desprecio colectivo,
de una sociedad caduca en la enmarañada sumisión de un futuro
ausente.

The nameless generation breaks any created scheme,
appearing like a phoenix between the lights of a dawn lived
between the obsolete remains
of every prior vestige.

Bearing the emblems of a new culture
summarized and annulled
by the collective scorn,
of an expired society in the tangled
submission of an absent future.

Poeta muerto en Nueva York

El alba neoyorquina
tiene una guadaña descrita en una atmósfera
dominada por la bolsa y poder,
por la ley del más fuerte.

A las mentes desquiciadas,
frías y calculadoras.
Se les hace difícil comprender
por qué un ser humano sufre dejando morir su mente elocuente
para intentar sobrevivir una aurora más.

En laberintos de extraña luz
ya no hay amores que llamen a tu puerta,
ni corazones que quiebren sus estelas.
Hasta la luna pierde su encanto
ante tu desigual e irradiante belleza.

Bajo una máscara pomposa
de un falso glamour con fama y dinero,
no deseas emular, pero si encubrir,
en tinieblas de arrogante riqueza.
El singular llanto de unas gentes
que abandonadas en innumerables guetos
se ven constantemente atacadas
por el silencioso y temido gruñir de un minotauro.

El crepúsculo se apodera de habitantes,
cuya lucidez no se halla en sus sentimientos,
cierran los ojos y oídos a los muertos desconocidos
abandonando su existencia en fosas comunes
dónde nadie llorará, ni arrojará flores.

Entre la misteriosa áureola que se cierne sobre tu nombre,
mi cerebro no deja deambular tus insinuadas tentaciones
de irrumpir en más vidas.

Dead poet in New York

The dawn of New York
has a scythe inscribed in an atmosphere
dominated by the stock exchange and power
by the law of the jungle.

To deranged, cold and calculating minds.
It is difficult to understand
why a man suffers letting his eloquent mid die
to try to survive another dawn.

In mazes of strange light
there is no more love to call at your door,
nor hearts that break their wakes.
Even the moon loses its charm
against your unequal and radiant beauty.

Under a pompous mask
of false glamor with fame and money,
you don't want to see, but cover up,
in the darkness of arrogant wealth.
The singular cry of people abandoned in countless ghettos
see themselves constantly attacked
by the silent and feared growl of a minotaur.

The twilight takes hold of the inhabitants,
whose lucidity is not found in their feelings,
close their eyes and ears to the unknown dead
abandoning their existence in mass graves
where no one will cry nor throw flowers.

Among the mysterious aura hovering over your name,
my brain does not let your insinuated temptations
wander to break into more lives.

La destrucción de habitantes
ante una vigilancia que ahoga en el vacío,
deja unas aristas hoscas
que arrojen en la noche más calaveras que puedan matar.
Cuando no hay escondite que valga,
ni cueva que cobije.
Siendo una ciudad de libertad,
es tu símbolo místico menospreciado.

La aurora de Nueva York trae consigo más sangre
que inunde los cauces que el ocaso creó.
En el puente,
el vuelo de las aves es un circuito periférico,
donde su manto negro fricciona
con colosales estalagmitas que quebrantan el firmamento,
atravesadas en cavernas difusas
por donde el humo y la niebla se infiltran.

En las calles ornamentadas de brea,
los niños sucumben por monedas
y sus charcos lagrimales puestos a la venta.
Hasta el arco iris, enmohecido por su llanto
diversifica y mutas sus colores
para darte una vista más reluciente y falsa.

Cuando llegas tú, aurora, a la cúspide.
Todo es perturbador.
Una contienda contra el tiempo,
de ociosas criaturas que invaden los pasajes
para construir desmesuradas comejeneras.

Donde plasmar los símbolos y las divisas de belleza y opulencia
que encubren la veracidad.

The destruction of inhabitants
with a vigilance that drowns in emptiness leaving,
some surly edges that shed in the night more skulls that can kill.
When there is no place worth hiding,
nor cave to take shelter.
Being a city of freedom,
is your despised mystical symbol.

Dawn in New York brings more blood
to flood the channels that the twilight created.
On the bridge,
the flight of birds is a peripheral circuit,
where his black cloak rubs
with colossal stalagmites who break the sky,
diffuse across into caves where the smoke and fog infiltrate.

On the streets adorned with tar,
children succumb for coins
and their pools of tears are offered for sale.
Even the rainbow rusted by her tears
diversifies and mutates its colors
to give you a more glittering and false view.

When you arrive, dawn, to the top.
All is disturbing.
A race against time,
of idle creatures that invade the passages
to construct enormous termite hills,

where which to capture the symbols and badges of beauty
and opulence that conceal the truth.

Nueva York
tiene como habitantes a unas criaturas mutantes,
que se humillan constantemente
ante la incertidumbre y la codicia.

Bajo su manto,
hay enclavada una muralla de cristal transparente,
separando lo irreal de la fantasía.
Creando así mayor confusión allí donde tus tribus nocturnas,
merodean como sonámbulos zombis
a la espera de poder atacar.

Por sus calles hay unos especímenes,
que cada noche hallan su momento
para salir a una selva de alquitrán.

El aire enrarecido de Nueva York
se transforma en cada aurora,
aturdiendo aún más a unos ciudadanos
que no recuerdan ya su aroma.
Doblegándolos a una amnesia diaria ante lo exterior,
supeditándolos a una distracción en su monótona existencia,
intentando ser algo que siempre les fue utópico.
Es la ilusión de los neoyorquinos ver realizado su sueño.
Un sueño que nació. Y muere decadente y decrepito.

La población tolera con irónica ignorancia
el ensordecedor concierto nocturno de sus calles,
sus pesadillas de muerte.
Acostumbrados a todo, se resignan.
Su inspirada fortuna se halla en el apego de unos cerebros,
que desean descubrir el placer de la noche en antros
donde el ocio es una azarosa magnificencia.

New York
has as inhabitants some mutant creatures,
who humiliate themselves constantly
against uncertainty and greed.

Under his mantle
there is located a wall of transparent glass,
separating the unreal from the fantasy.
Thus creating more confusion there where your nocturnal
tribes, prowl like sleepwalking zombies waiting to attack.

On its streets there are a few specimens,
that every night find the time
to exit to a jungle of tar.

The rarefied air of New York
is transformed in every dawn,
stunning some citizens even more
who do not even remember its aroma.
Giving themselves into a daily amnesia to the outside,
abiding themselves into a distraction in their monotonous exist-
ence, trying to be something that was always utopian.
The illusion of New Yorkers is to see their dream fulfilled.
A dream that was born. And dies decadently and decrepitly.

The people tolerate with ironic ignorance
the deafening evening concert of its streets,
its nightmares of death.
Accustomed to everything, they give up.
His inspired fortune is found in the attachment of some brains,
that wish to discover the pleasure of the night in clubs where
leisure is a random magnificence.

Hay en Nueva York,
hogueras avivadas a menudo
por todos los recuerdos que no les sirven, ni les hacen falta.
Mezclándose su gran bruma
con la niebla del rocío y el principio de un día que ya ha pasado.

La bruma
se diluye al encuentro de unos rayos adormecidos
difuminándose su brillo
entre las enormes crestas y la desagradable impotencia.

Las gentes de Nueva York
son cómplices asiduos de emparedar
la muerte de Eros por un obelisco gigante.
Encubridores en los inventos practicados por el sistema
en la transformación de la felicidad y el amor.
Programados todos ellos diariamente
para ser avaros con sus sentimientos y falsos en el amor.
Apegados a la construcción
de un teórico infierno y el homicidio premeditado
de su propia existencia.

En Nueva York,
hay unos seres cuya hipocresía excede unos límites ya creados.
La libertad, se aloja en una Torre de Babel
que simboliza algo más que su propia muerte,
blasfemando su nombre en su contra,
contradiciendo a unos seres que viven eternamente
una mentira dentro de su propia celda.

There is in New York, often fueled fires for all the memories
that do them no good nor that they need.
Mixing its high haze with spray mist and the beginning of a day
that has passed.

The mist dilutes itself at meeting point of numb rays
fading between the massive peaks and unpleasant impotence.

The people of New York are regular accomplices of building
Eros death by a giant obelisk. Being accessories in the inven-
tions performed by the system in the transformation of happi-
ness ad love. All of them are programmed daily to be stingy
with their feelings and false in love. Attached to the construc-
tion of a theoretical hell and the premeditated murder of its own
existence.

In New York, there are beings whose hypocrisy exceeds certain
limits already created. Freedom, is housed in a Tower of Babel
symbolizing more than his own death, blaspheming his name
against him, contradicting some beings that are forever living a
lie within their own cell.

Revolució Palmípeda

Sempre he tingut en el meu cap
més d'un pensament per aconseguir
la veritable revolució de classe.

Amb temps, amb molt de temps,
vaig arribar a un mateix plantejament i finalitat.
On el capitalisme, Sant Grial del poder,
trencava tot els intents insurgents del poble.

Desesperat, va ser llavors quan vaig trobar
uns estranys espècimens palmípedes,
i no hi havia amb ells
el seu màxim dirigent i dictador "Donald",
el qual havien enderrocat i expulsat de la comunitat.

Pas a pas i poc a poc
vaig guanyar l'estimació de tothom,
per aquells moments em van inculcar
la seva ideologia sobre una veritable revolució.

On la seva meta consistia
en una igualtat total i universal,
en un planeta ecologista, herbívor i antinuclear.

La meva veritable il·lusió quan sigui gran,
és iniciar una revolució palmípeda i vegetariana,
on els canibalismes i les massacres forestals
no existeixin i les immigracions siguin més diàries.

Web-footed Revolution

I've always had more than one thought in my head
to achieve the true revolution of class.

With time, with a lot of time,
I arrived at the same approach and purpose.
Where capitalism, the Holy Grail of power,
broke all insurgent attempts in the village.

Desperate, it was then when I found
some strange web-footed specimens,
and their leader and dictator "Donald"
was not with them
whom they had overthrown and expelled from the community.

Step by step and gradually
I won everybody's esteem,
by that time they had
shown me their ideology about a true revolution.

Where it's goal consisted
of complete and universal equality,
on an ecological, herbivorous and antinuclear planet.

My true desire when I grow up,
Is to start a web-footed and vegetarian revolution,
where cannibalism and forest massacres are nonexistent and
there is more immigration every day.

El puente del silencio

El puente del silencio
trae consigo los gritos desesperados.
Lágrimas hundidas de corazones náufragos,
en felicidad evaporada hacia el infinito.

El desamor y la tristeza
van a la deriva sin rumbo fijo,
las aguas negras del río
la repesca sin sentido.

El cielo está desfigurado
en suspiros desahogados
de esperanza inadmisible,
de vida en amor,
amor después de muerte,
de pasión revivida
en aguas turbulentas del vacío.

The bridge of silence

The bridge of silence
brings with itself desperate cries.
The sunken tears of shipwrecked hearts,
in happiness evaporated to infinity.

The heartbreak and sadness
drift aimlessly,
river sewage
play-off nonsense.

The sky is marred
in sighs at ease
of inadmissible hope
living in love,
love after death
revived passion
vacuum in troubled waters.

Juegos entrelazados

Mi mente
es un folio en blanco,
blanco como la nada.

Juego a describirte y me pierdo,
por siluetas y contornos,
entre palabras y versos.

Mi corazón
es un laberinto de luces,
donde no florece
ninguna pasión animada
y el aire es un pésimo ronquido
enturbiando el más liviano sueño de amor.

Interlace Games

My mind
is a blank page,
white as nothing.

I play to describe you and I get lost,
by silhouettes and contours,
between words and verses.

My heart
is a maze of lights,
where no animated passion blooms
and the air is a terrible snore
muddying the lightest dream of love.

Presagio

Veo mi rostro reflejado en un río,
y no deja de ser tu sombra
en las aguas dulces de mi pantano.

Fiel a no creer, creo.
Me falta amor,
el amor que yo me mismo me niego.

No doy por no tener nada,
no acepto por creer que tengo,
es mi vida un acertijo de sombras
acostumbrada a vivir
en la otra cara de tu espejo.

Presage

I see my face reflected in a river,
and it continues to be your shadow
in the fresh waters of my swamp.

True to not believe, I believe.
I need love,
a love that I deny myself.

I do not give to those who have nothing,
I do not accept the belief that I have,
my life is a puzzle of shadows
accustomed to living
on the other side of your mirror.

Flor negra

Alma canela, oscura vida, amor negro.
Noche palpitante, en sabor dulce,
en algo eterno.

Seducción entrelazada,
frío en la mirada, deseo de escarcha.

Ojos dominantes
misterio y pasión de un arcano.

Alma cándida de invierno,
dueña del ocaso y lunas eclipsadas,
felina de piel púrpura y garras de plata.
Deslizante sombra transparente
de una unión cegada.

Black flower

Cinnamon soul, dark life, black love.
Throbbing night, in sweet taste
into something eternal.

Interlaced seduction
coldness in the look, desire to frost.

Dominant eyes
mystery and passion of an arcane.

Candid winter soul,
owner of the sunset and eclipsed moons,
purple-skinned and silver-clawed feline.
Sliding transparent shadow
of a blinded union.

Panoramas secundarios

La fobia desatada por una fragancia,
hace más visible la llegada
de un castrado y arrinconado invierno.

Ahogado por su propia impotencia,
inducida a la desesperación súbita
de un verano de ausente colorido,
preocupado por la búsqueda insaciable
de reencontrar la nostalgia
de un otoño decorado y repleto de hojas muertas.

Embargado por todo sentimiento
de la llegada superflua de polaridades opuestas,
removidas por la escasez de una primavera jovial e innovadora,
de unos efectos provocados
por la disyuntiva del tiempo presente,
jugando con términos hasta entonces prohibidos,
experimentando el descubrimiento
de unos panoramas secundarios de múltiples facetas,
subyugados por el desinterés mutuo
de no querer pertenecer a nada.

Secondary panorama

The phobia unleashed by a fragrance,
makes more visible the arrival
of a castrated and cornered winter.

Drowned by its own helplessness,
induced into the sudden desperation
of a summer absent of color,
concerned by the insatiable search
of finding the nostalgia
of an autumn decorated and full of dead leaves.

Arrested by any sense
of the superfluous arrival of polar opposites,
removed by the scarcity of a cheerful and innovative spring,
of effects caused
by the choice of the present tense,
playing with terms previously banned,
experiencing the discovery of some side
views of multiple facets,
subjugated by the mutual
disinterest of not wanting to belong to anything.

Un Americano

Como un enjambre enloquecido sin rumbo fijo,
son las aves que llegan a Harlem.
Una enorme e indivisible unión de puntos negros que rivalizan
con la claridad de un atardecer teñido en una frágil somnolencia.

Regocijadas en un poético y artístico baile
improvisado sin apenas coreografía,
explayándose en una danza invisible y muda,
de vertiginosas caídas a un pozo sin fin.

Remontando en un frenético vuelo
por conquistar el firmamento,
simulando los golpes de un mar sin peces
y el inconstante movimiento de su marea.

La musa libertad,
progenitora adoptiva de tales y tantas criaturas con alas,
empeñados en una desesperada búsqueda
por un entrelazado enigma de cables eléctricos.

Persisten por el hallazgo de una seguridad donde poder reposar,
con una tenacidad digna de una lucha continua
por establecerse y echar raíces.

Algunas de ellas volverán de donde vinieron,
dejando atrás todo en una quimera de sueños.
Otras menos afortunadas,
permanecerán asumidas
en largas distancias de tiempo en unas jaulas,
donde su canto se ahogará en vanos lamentos.
Sólo unas pocas quedarán indemnes,
sólo unas de entre mil volarán en libertad
por un cielo que acecha
en incuestionables probabilidades de supervivencia.

An American

Like a crazed swarm wandering aimlessly,
are the birds that come to Harlem.
A large and indivisible union of black spots that rival
the clarity of a sunset dyed in a fragile drowsiness.

Rejoicing in a poetic and artistic dance
improvised with barely any choreography,
relaxing in an invisible and silent dance,
of dizzying drops to a bottomless pit.

Going back in a frantic flight
to conquer the sky,
simulating the impact of a sea without fish
and the movement of his fickle tide.

The muse freedom,
adoptive parent of such and so many creatures with wings,
which engaged in a desperate search
for a mystery enigma of intertwined electrical wires.

Persist in the discovery of a secure place in which to stand,
with a tenacity worthy of a continuing
struggle to establish and take root.

Some of them will return from whence they came,
leaving behind everything in an illusion of dreams.
Others less fortunate,
remain assumed in cages
for long periods of time,
where their song will drown in vain regrets.
Only a few remain untouched,
only one in a thousand will fly free
in a sky that lurks in unquestionable
chance of survival.

La canción de John pájaro hablador

Llegó el caballo de hierro
y con él, el hilo parlante.
Llegaron rostros blancos
y con ellos la famélica hambre.

Pusieron precio a nuestras almas,
a nuestros árboles, a cada metro cuadrado,
al viento y al agua.

Nos llovieron promesas, incumplidas,
como llegadas de un firmamento ciego
en un futuro incierto,
eran los enemigos de la madrugada.

Llegará un día pleno de esplendor
para el pueblo piel roja,
llegará la luz y la verdad del gran espíritu
guiándonos por la espesura de una pradera,
tan esperada como prometedora.

The songs of John talk bird

The iron horse came
and with it the speaker wire.
White faces came
and with them the ravenous hunger.

They put a price on our souls,
our trees, each square meter,
wind and water.

We were showered
with unfulfilled promises,
as if they had arrived from a blind sky
in an uncertain future,
they were the enemies of the early morning.

A day full of splendor
for the town of red skins will arrive,
the light and the truth
of the Great Spirit will come
to guide us through the thicket
of a meadow, as promising as expected.

Carta póstuma de un exiliado

La frontera inexistente
entre lo real y el sueño ficticio de un bucólico exiliado,
siempre a la búsqueda de encontrar la paradoja
de una complejidad y su posible existencia,
se truncaba y unía en una cruda y frenética realidad.

La acción masiva de visibles panoramas incomprendidos,
hacía más perpleja una situación fanática ya vivida
en una pesadilla insomne,
en una alucinación llevada a los límites de la incredulidad.

Las imágenes ya vividas,
se manifiestan demostrando una pureza jamás lograda, que el
humedecido iris refleja en el ansia de un viaje sin retorno,
en una inestabilidad que hace más rígido cualquier movimiento.

La llegada del antiguo canto a la alegría,
venía a llenar otra vez un pasado recóndito
en los oídos sordos y pasivos.

Los recuerdos de un jardín repleto
de olorosas rosas y perfumados jazmines,
chocaban con la presencia inanimada
de un icono transversal estático de múltiple colorido,
facetas que envolvían la mente en el absorto hecho
de un trazado por llevar a cabo
el proyecto adecuado a tal situación.

Había construido
una meta común en el menor tiempo posible
para una nueva situación, pero por lo pronto y ahora,
se perdía saboreando, en una desmedida sin límites.

Posthumous letters of an exile

The non-existent border between the real and fictional dream of
a bucolic exile, always looking to find the paradox of complexity
and its possible existence, truncated and bound itself in a raw
and frenetic reality.

The mass action of visible misunderstood views, made more
perplexing a fanatical situation already lived into a sleepless
nightmare, in a hallucination brought to the limits of disbelief.

The previously lived images, manifest themselves showing a
purity never achieved before, where the dampened iris reflects
the desire for a one way trip, in an instability that makes any
movement stiff.

The arrival of the old song of joy,
came to refill a remote past in deaf and passive ears.

Memories of a garden full of fragrant roses and fragrant jas-
mine, clashed with the presence of an inanimate icon static
cross multiple colors, facets that enveloped the mind absorbed
in fact a path for carrying out the project appropriate for this
situation.

He had built a common goal in the shortest possible time for a
new situation, but for now he was lost.

Los exóticos placeres nocturnos, hasta el punto,
de que en su propio estado de embriaguez veía en el cielo,
el espejo de aquellos días, quebrado, hecho añicos,
transfigurando toda esencia ensoñadora
en aburrida e incompleta

La rutinaria confusión, la persistente ausencia,
la certeza de una lejanía,
roza el alma con el deseo de un rápido retorno.
Queriendo detener los días desquiciados que tan bruscamente se
escapan en una reincidencia que empuja más al vacío.

Que hace más absurda la titánica lucha por sobrevivir
en un entorno totalmente ajeno,
en un hábitat rudo y salvaje,
de notables dimensiones
que reducen hasta lo más mínimo su personalidad rebelde.

Creciendo en él la firme ambigüedad
de unos sentimientos abortados por un sistema,
que intenta inmortalizarse en la frenética curación
de un horizonte lejano.

Como un cielo cubierto, por entre los claros,
la mente de un exiliado aflora entre la ironía
de no pertenecer a ninguna tierra,
a pisar continuamente tierra de nadie.

Un coto vedado.
A ser visto con frecuencia por todos
como el extraño sin hogar, el extranjero sin patria en los pies,
sin bandera en los brazos y sin voz en el corazón,
todo ello sin olvidar, la mirada nostálgica,
de un pasado con risas
y un presente de ausentes amistades perdidas.

In the boundless pleasures of the exotic night so much so,
that in his drunken state he saw in the sky,
the mirror of those days, broken, shattered,
transfiguring all dreamy essence in boring and incomplete.

The routine confusion, persistent absence,
the certainty of a distance touches the soul
with the desire for a quick return,
wanting to stop the mad days that so quickly escape
into a relapse that pushes into emptiness.

Which makes the titanic struggle to survive
in a totally alien environment more absurd,
in a rough and wild habitat
of considerable size
which reduces to the minimum his rebellious personality.

Growing in him a strong ambiguity
of feelings aborted by a system,
immortalized in the frantic attempts of a remote horizon.

Like an overcast sky, through the breaks in the clouds,
the mind of an exile emerges between the irony
of not belonging to any land,
continually stepping on the cracks.

A private property.
Frequently being seen by all
as the homeless stranger,
a foreigner without a country in his feet,
without a flag in his arms and voiceless in the heart,
all without forgetting the nostalgic look of a past with laughter
and a present of absent friends lost.

La luz de la noche brillaba con luz propia,
la ciudad totalmente iluminada, la hace más placentera.

La soledad colectiva,
encerrada en telarañas de pasiones ocasionalmente frías,
completadas en espirales
de un alba vacío y helado por la escarcha,
de un amanecer que precede a otro, como tantos otros,
con las mismas caras,
los mismos rostros de siempre que rehúyen contacto,
que se escudan en el rechazo,
la locura de un mundo incomunicado
en una lenta extinción silenciosa.

Los ojos apagados de un exiliado,
el fuerte desconcierto que desprenden,
su lucha por adaptarse
como un camaleón a un medio multicolor y hostil,
a una jungla de asfalto,
se entrecruza con la eterna idea de la lejanía
y su enorme desigual distancia,
con el susurro de un viento que apenas se logra oír,
con la imagen descolorida de una canción
que casi no se recuerda.
Y el grito de un nombre a la desesperada.

The light of the night shone with its own light,
the city fully illuminated, makes it more enjoyable.

The collective loneliness,
enclosed in webs of passion that are occasionally cold,
completed in spirals of an empty and frosty dawn,
a dawn that precedes another, like so many others
with the same faces,
always the same faces who shun contact,
who hide in denial,
the madness of a world isolated
in a silent slow extinction.

The dead eyes of an exile,
the strong dismay that they give off,
his struggle to adapt like a chameleon
to a multicolor and hostile environment,
to a concrete jungle,
intersects with the eternal idea of remoteness and the enormous,
uneven distance,
with the whisper of a wind that barely manages to hear,
with the faded image of a song that almost no one remembers.
And the cry of a name to the hopeless.

Vivir en Arcadia

El trazado mítico
de una coyuntura subyugada
a la desafiante acción de un dodecaedro policromado.
Y la existencia de una cuadratura altiva
en la yuxtaposición
de una ecuación elevada a su máxima potencia.

El trayecto de un binomio de matices sombríos
desplazado en la justificación de un encefalograma plano.
Y la destreza polemizada de un engendro provocativo en las
inmediaciones del biorritmo arquetipo.

El tránsito inusual de un virus informático por un segundero
atrasado en lo exacto.
Y la irrelevante anacrónica de un plano superpuesto fugitivo en
la redundancia de un objeto inanimado en lo estático.

El trance visionario estereotipado de un óleo de tonos forma-
teados.

En una membrana celular sin componentes divergentes y la
vacilante apoplejía en "Do" de un logaritmo constructivo en
una octava real de cúspide anacoreta.

El tráfico símil al obvio enfrentamiento de un arco mudéjar con
la variante de un escaleno en el empleo de dualidades.

Y la obstinada acción inequívoca de una raíz cúbica de hojaldre
que se funde en un universo de nata.

Live in Arcadia

The mythic path of a joint
subjugated to the daring action
of a dodecahedron polychrome.
And the existence of a lofty square
in the juxtaposition of an equation
raised to its maximum power.

The journey of a binomial of dark shades
moved in the justification
of a flat encephalogram.
And the argued skill of a provocative monster
near the biorhythm archetype.

The unusual traffic from a computer virus
by a secondhand behind in the exact.
And the irrelevant anachronism
of a superimposed flat that is fugitive
in the redundancy
of an inanimate object in the static.

The stereotyped visionary trance
of an oil painting of formatted tones.

In a cell membrane without divergent components
and the faltering stroke in "Do" of a constructive logarithm in a
real octave of a top hermit.

The traffic resembles the obvious confrontation
with a Moorish arch with the variant
of a scalene in the use of dualities.
And the stubborn unequivocal action
of a cube root of pastry that melts in a universe of cream.

Poeta muerto en Nueva York (Death poet in New York)

Francesc-Xavier Àvalos Pareja

www.ingramcontent.com/pod-product-compliance
Lightning Source LLC
Chambersburg PA
CBHW062126040426
42337CB00044B/4306